C. BOUGLÉ,

Chargé de cours à la Faculté de Lettres de Paris

Ce que la Guerre exige

de la Démocratie française

PARIS

ÉDITIONS DE *FOI ET VIE*

48, RUE DE LILLE, 48

—

1918

Ce que la guerre exige de la Démocratie française

[Sténographie de la conférence donnée le *9 déc.*, aux conférences de *Foi et Vie*.]

Mesdames, Messieurs,

Qu'est-ce que la guerre demande à la démocratie ? Au premier abord, il semble que la réponse à cette question soit très simple. Ce que la guerre demande à la démocratie, c'est de continuer; continuer à peiner, continuer à lutter, continuer à saigner. Nous nous en rendons bien compte, il faut que nous nous résolvions à cacher nos deuils, à sécher nos larmes, à serrer les dents. Nous savons bien que sans cela il n'y aurait plus de France libre, il n'y aurait plus de démocratie possible au monde. Donc, continuer, c'est le mot d'ordre simple et terrible. Mot d'ordre impératif, il s'impose avec une telle évidence qu'il n'est pas besoin, semble-t-il, de long discours pour le commenter. Et il faut avouer qu'à une heure comme celle où nous sommes, on n'a guère envie de discourir... Cependant, puisque le discours peut conduire quelquefois à l'action et puisque, même en temps de guerre, il n'est pas tout à fait inutile avant d'agir de réfléchir, discourons, réfléchissons ensemble.

Continuer, disais-je, c'est le mot d'ordre très simple qui est imposé à la démocratie française. Mais prenons-y garde : ce qu'on nous demande, ce n'est pas seulement ce que doit faire un pays en guerre, mais ce que doit faire en guerre une démocratie comme la nôtre. C'est sur les devoirs d'une démocratie qu'il nous faut insister.

Une démocratie comme la nôtre doit-elle se borner à « *continuer* » ? A poser ainsi la ques-

tion, on comprend qu'elle est moins simple.
Bien des idées s'éveillent : des conseils, des
avertissements, voire des exhortations impéra-
tives viennent à l'esprit.

Beaucoup de gens seront d'accord pour pen-
ser qu'une démocratie, sous les leçons, sous
les coups de la guerre, doit changer quelque
chose à ses mœurs, à ses méthodes, à ses
idées même. Beaucoup de gens pensent ainsi
et non pas seulement parmi les adversaires
nés de la démocratie. Ceux-là, leur siège était
fait avant la guerre. Naturellement, ils vont
abonder dans leur sens; ils vont profiter autant qu'ils le pourront de toutes les circons-
tances, ils saisiront toutes les occasions de
nous rappeler qu'au feu de la guerre la démocratie devrait brûler ce qu'elle a adoré :
elle ferait bien, insinueront-ils, de faire péni-
tence sur le parvis du Sacré-Cœur ou sur la
place de la Concorde, et de confesser ses pé-
chés à la face du monde. De ces doctrinaires
antidémocratiques, l'opinion a peut-être peu
de poids en raison même de leur dogmatisme.
Ce qui est plus frappant, c'est l'inquiétude
qu'on rencontre, non pas chez les ennemis sys-
tématiques de la démocratie, mais chez un
certain nombre de ses amis. Il paraît évident
que de ce côté-là aussi il y a du trouble.

Certains esprits commencent leur examen
de conscience et se demandent si, éclairés par
l'expérience de la guerre, nous ne ferions pas
bien de changer du tout au tout nos méthodes,
sinon de reviser notre idéal. Les avertissements de cet ordre ne manquent pas : ceux
mêmes qui naguère réclamaient le plus ar-
demment les coudées franches pour la démocratie font entendre aujourd'hui un son de
cloche assez différent. Hervé, par exemple, il
y a peu de jours, s'exprimait à peu près ainsi :
« Quand le canon tonne, la démocratie n'a

qu'à se taire ». Il est vrai qu'il se faisait très peu de jours après rappeler à l'ordre par M. Aulard qui, se souvenant qu'il avait été naguère le professeur Hervé, lui disait en susbstance : « Faites donc attention à l'expérience de la Convention. La Convention aussi était en guerre, elle a profité de la guerre pour amorcer un bon nombre de réformes démocratiques, et ainsi elle a pu augmenter la vigueur de l'action défensive de la nation ».

Pour départager ces historiens, on est porté à invoquer ceux qui en la matière ont le plus d'autorité à vos yeux aujourd'hui, ceux qui voient la guerre de plus près : les philosophes des tranchées.

Beaucoup, en effet, seraient d'accord qu'il y a lieu de réformer les mœurs et de commencer la revision des méthodes de la démocratie.

Rappelons-nous seulement un mot lancé par un jeune littérateur dans le *Mercure de France* : « Plus je fais la guerre, plus je deviens aristocrate ». Il entendait résumer par là une constatation expérimentale : les soldats de France sont de braves gens, des hommes courageux, mais sans un chef qui les tienne bien, c'est un troupeau. Vous devinez l'usage que les théoriciens antidémocratiques ont pu faire d'une semblable parole.

Voyons ce qu'on peut retenir de pareils avertissements. Cela n'est pas sans difficultés. Il faut tirer ces idées au clair, les préciser, pour discerner ce qu'on peut accorder, ce qu'on doit retenir.

Avant de commencer la discussion, permettez-moi une remarque préalable, une remarque optimiste. Cela va vous paraître peut-être un peu étonnant à l'heure que nous traversons, après tant de déceptions retentissantes, après une défection éclatante, devant des dissensions menaçantes. Cependant il faut être juste; il faut considérer ce que nous avons fait jusqu'ici, ce que la démocratie française a fait; il faut se rappeler qu'elle a étonné le monde et qu'elle s'est étonnée elle-même depuis le début de la guerre.

Les prophètes de malheur attendaient tout autre chose de notre peuple. On croyait la France irrémédiablement divisée, on l'a retrouvée unanime; on la croyait à jamais fatiguée, abâtardie, on l'a retrouvée indomptable. C'est un point qui doit être marqué, j'imagine, à l'actif de notre démocratie. Dès les premiers jours de la guerre, on a vu qu'elle avait su retrouver, recréer son unité complète et parfaite sans avoir besoin d'un homme pour sonner le ralliement. Un des grands arguments des anti-démocrates est celui-ci : un roi, quand même il n'aurait pas de capacités techniques — il faut avouer que cela arrive quelquefois — a le mérite de rallier autour de lui les sentiments communs des masses; c'est un porte-drapeau.

Nous n'avons pas eu besoin de porte-drapeau. Sans attendre un homme pour sonner le ralliement, toutes les énergies françaises, du jour au lendemain, se sont ralliées, tous les tronçons du serpent se sont rapprochés, toutes les divisions ont été oubliées. La France a marché comme un seul homme, unie avec elle-même par le sentiment que, démocratie pacifique qui avait maintes fois proclamé et prouvé son amour pour la paix, elle était brutalement, brusquement envahie, assiégée, offensée. (*Applaudissements.*)

Ce que nous devons retenir aussi, c'est qu'il n'y a pas eu seulement au début une flambée d'enthousiasme. Depuis, on a tenu; on a tenu, non seulement sur les champs de bataille, mais à l'atelier, à l'arrière. Après l'invasion, notre pays a été privé de plus de la moitié de son charbon, de 80 0/0 de son fer et de son acier. Mutilés comme nous l'étions, nous avons pourtant tenu le coup. Nous avons réussi à mettre sur pied une nombre incalculable d'usines, à alimenter de munitions non seulement nos armées, mais celles de nos alliés. Partout où on a eu besoin d'hommes ou de matériel, la démocratie française a pu dire : Présent ! Je suis là! je suis un peu là! comme disent les soldats. Tout ceci mérite d'être retenu et déjà, de cette expérience, on pourrait tirer cette conclusion que le régime démocratique, les mœurs démocratiques, les méthodes démocratiques, en France au moins, n'ont pas paralysé l'élan, l'activité, la vitalité du pays. La démocratie n'a pas été un stupéfiant. Je prétends que pour un bon nombre de nos compatriotes elle a été un stimulant.

Je pense à nos soldats. Je ne veux pas vous faire admirer une fois de plus leur héroïsme, leur élan, leur endurance. Mais je suis certain que beaucoup de nos soldats ont été stimulés par l'idéal démocratique qu'ils portaient dans leur giberne ou dans leur musette.

Oh ! ce n'est pas qu'on parle beaucoup d'idéal démocratique au front. Et même, les premiers temps, les « intellectuels » se montrent parfois un peu surpris d'entendre parler si peu de ce qui est le fond moral du grand débat. Ce n'est pas à dire que notre idéal ne soit pas présent, que le verbe ne se soit pas fait chair, que l'idée ne se soit pas incarnée dans nos hommes. J'entends bien que pour essayer de soustraire cet honneur à l'idéal démocratique, on fait valoir toutes sortes de belles raisons. On dit : « La France se sauve malgré son régime, et si ses hommes sont de bons guerriers c'est malgré les idées d'un certain nombre d'entre eux. Ce qui parle en eux, ce n'est pas la démocratie, c'est la race; ce qu'on retrouve sur les champs de bataille, ce sont les vertus lointaines d'une hérédité guerrière; nos soldats sont les descendants de Bayard, de Duguesclin, de Jeanne d'Arc; c'est pour cela qu'ils se battent bien, ce n'est pas parce qu'ils sont les fils d'une république ».

Je suis prêt, pour ma part, à recevoir aujourd'hui de toutes les mains, je ne chicane ni ne lésine, et je n'ai nulle envie de renier les gloires de la France passée, bien loin de là. S'il est vrai que les mânes de Bayard ou de Jeanne d'Arc combattent à côté de nos soldats, tant mieux ! je m'en réjouis hautement. Certes ! je suis très fier, comme tout le monde, de la France du passé; je demande seulement à être un peu moins modeste que certains pour lá France d'aujourd'hui. (*Applaudissements.*)

Si les hommes que nous avons vus à l'œuvre ne parlent pas beaucoup, si même ils n'aiment guère qu'on parle devant eux de la démocratie, de la liberté, de l'égalité, ces idées vivent cependant en eux, elles sont en eux, elles agissent en eux. Pour s'en rendre compte, il n'est pas besoin de les faire parler, il n'y a qu'à les voir. Le soldat français, ce qui l'annonce, c'est son front levé, ce sont les yeux qui vous regardent bien en face, qui ne s'abaissent pas même devant un supérieur, c'est je ne sais quoi de fier, d'aisé, de libre dans l'allure. Il n'y a qu'à le voir passer, c'est le soldat de la liberté qui passe. (*Applaudissements.*)

Ce sentiment qu'il est le soldat de la liberté, demeure en lui, même s'il n'en parle pas, une force agissante. Ses ennemis, il ne les méprise pas, certes! il trouve même que trop longtemps on les a méprisés à l'arrière. Il n'est pas prêt à les blaguer ; il rend hommage à leur courage, et à leur méthode; mais il sent que ces hommes qui se prétendent des sur-hommes, ce sont des sujets, ce ne sont pas des citoyens, ils n'ont pas le sentiment de la dignité individuelle, ils n'ont pas su la défendre sur les places publiques dans leur pays. Cela notre soldat le sait, notre soldat le sent plus ou moins obscurément et c'est pourquoi à l'idée d'être traité comme une machine lui aussi, à l'idée de se laisser mater par ces sur-hommes sujets, son sang ne fait qu'un tour et, si lasses qu'elles soient, ses mains cherchent le fusil ou la grenade.

L'idée démocratique est donc elle aussi une force. La foi démocratique est aussi un cordial qui a pu, que l'on s'en doute ou non, ranimer plus d'une énergie.

Mais on me dira : Nous voulons bien que la démocratie agisse sous cette forme jusque dans vos armées ; c'est un idéal incarné jusque dans l'organisme du peuple de notre temps. Nos soldats conservent par devers eux la grande espérance démocratique, libérale, égalitaire, pacifique, soit; mais tout de même ils ajournent l'accomplissement de ce beau rêve et s'ils conservent cette espérance, ils ne peuvent pas ne pas être sensibles à certaines expériences, les plus directes, les plus immédiates de toutes. Ils font des expériences là-bas et ils réfléchissent; les leçons qu'ils en tirent ne sont peut-être pas conformes à celles que la théorie démocratique leur aurait volontiers données; elles ne sont peut-être pas conformes aux habitudes que volontiers leur auraient fait prendre ou laissé prendre les mœurs d'une démocratie.

J'entends que, par exemple, ils comprennent très bien, eux, la nécessité d'un commandement, la nécessité d'une autorité, et de l'obéissance, et de la discipline. Nous allons retrouver ici le mot de l'officier-poète. Il est très vrai que ce mot trouve un écho jusque dans l'âme des soldats. Si vous les écoutez causer entre eux, bien souvent vous les entendrez dire : « On a bien réussi, on était bien commandé »; ou : « Qu'est-ce que vous voulez qu'on fasse ? il n'y avait pas de commandement »; ou encore : « On s'en est allé, il n'y avait plus de chef ». N'importe qui a entendu causer les soldats sera d'accord sur ce point, ce sont là des vérités qu'ils aiment à ressasser.

Ne vont-ils pas tirer pour aujourd'hui et pour demain des conséquences de ces expériences ? C'est peut-être un avertissement qu'ils vont nous rapporter ou qu'ils nous envoient dès aujourd'hui : nécessité de la discipline, de l'obéissance, de l'autorité. C'est peut-être un avertissement de l'avant à l'arrière et il faut en tenir compte, il faut ouvrir l'œil ou l'oreille; il faut prendre ces leçons là au sérieux.

On pourrait être tenté de répondre d'abord : S'il est vrai que les soldats instruits par l'expérience veulent nous prêcher à leur manière l'autorité, nous faire comprendre la nécessité de l'obéissance, de la discipline, rappelons-nous que ce qui est bon pour l'avant n'est pas bon pour l'arrière, ce qui est bon pour la vie militaire n'est pas bon pour la vie civile, industrielle, économique. On retrouverait par là une théorie chère à bon nombre de sociologues, une théorie chère à nos Saint-simoniens et qui fut reprise en Angleterre par Spencer qui l'a popularisée : c'est l'antithèse entre les sociétés de type militaire et les sociétés de type industriel. Dans les sociétés de type militaire, tout s'arrange par la coercition et à coup d'autorité; dans les sociétés de type industriel, tout s'arrange par convention et à coup de liberté.

C'est une très belle théorie; il est probable qu'elle contient une part de vérité comme presque toutes; il est probable aussi que c'est une de celles qui sont le mieux démenties par les progrès de notre expérience. Je ne crois pas m'avancer beaucoup en pensant que c'est une des plus fausses que nous ayons jamais rencontrées sur le chemin de la sociologie. Pourquoi ? Parce que, qu'il s'agisse d'industrie ou de guerre, la vie est toujours une lutte comme la vie est toujours une association. Il faut toujours une association pour la lutte ; c'est la condition même de la vie, de l'action, du succès. Si on pouvait démontrer que dans l'ordre militaire il est absolument nécessaire qu'il y ait discipline, commandement, hiérarchie, autorité, comment voulez-vous que par une sorte de miracle la vie industrielle n'ait plus besoin de tout cela ? Ce n'est pas vrai, le progrès même de l'industrie l'a démontré : pour l'industrie comme pour la guerre, il faut de l'organisation, il faut de l'ordre, un ordre respecté, un ordre qui se fasse respecter. Par conséquent, si l'on pouvait nous faire comprendre que nous n'avons pas apprécié à sa valeur, jadis, la nécessité de l'autorité, ce ne serait pas vrai seulement pour l'avant, ce serait vrai aussi pour l'arrière, ce ne serait pas vrai seulement pour la vie militaire, ce serait vrai aussi pour la vie civile, pour la vie industrielle, pour la vie économique.

Réfléchissons donc et demandons-nous si ce que la guerre nous offre ou paraît nous imposer, la démocratie le refuse. Ici, pour bien discuter, il est nécessaire de préciser les idées. Cela ne va pas être aussi simple que tout à l'heure.

Il faut d'abord bien se rendre compte que

lorsqu'on institue ainsi une antithèse entre l'autorité et la démocratie, on abuse, comme il arrive si souvent, des oppositions. Je prétends que d'abord *la guerre, la guerre d'aujourd'hui, ne justifie pas toutes les espèces d'autorité et inversement je prétends que la démocratie d'aujourd'hui ne répudie pas toutes les espèces d'autorité.*

Etablissons ces deux points et nous serons peut-être capables de diminuer la distance qui paraissait d'abord séparer les deux termes.

La guerre ne justifie pas toutes les espèces d'autorité, c'est ceci qu'il faut bien préciser pour se rendre compte que la thèse qu'on bâtit sur la formule du jeune poète : « Plus je fais la guerre, plus je deviens aristocrate », cache mal une équivoque. Cette formule est une boutade. Si on la prend au sérieux, devenir aristocrate, qu'est-ce que cela veut dire ? Cela veut dire qu'on croit que pour qu'une autorité s'exerce il faut qu'il y ait une classe, une caste, une race de gens devant lesquels tout le monde s'inclinera, que personne n'osera regarder en face, avec qui on n'osera pas discuter, dont on n'oserait pas limiter ni contrôler en quelque façon que ce soit, le pouvoir. Tel serait un régime purement aristocratique.

Est-ce celui que nous voulons instaurer ? Est-ce de celui-là que la guerre actuelle nous a démontré la nécessité ? Il me paraît très contestable de l'affirmer. Dans le carnet d'un officer allemand fait prisonnier, on a trouvé cette phrase : « Pour que les hommes marchent, il faut qu'ils aient le respect et la peur de leurs supérieurs plus que de l'ennemi ». C'est là théorie de l'autorité aristocratique et prussienne. Est-ce celle-là que nous croyons nécessaire d'adopter ? Non sans doute ! Pour que le Prussien marche, peut-être faut-il qu'il

ait le respect et la peur de son supérieur plus
que de l'ennemi, et encore cela me paraît exa-
géré; mais pour que le Français marche, non !
Il y a d'autres moyens de le faire marcher. Il
faut du respect sans doute; mais il y a plusieurs formes de respect; il y a le respect à
base de peur, mais il y a le respect à base de
confiance, d'affection et d'intelligence. C'est
de ce respect, me semble-t-il, que la guerre actuelle, telle que nous l'avons menée, a montré
surtout l'utilité. (*Applaudissements.*)

On pourrait invoquer ici de nombreux té-
moignages. Cela nous mènerait trop loin de les
discuter dans le détail. J'en trouverais prin-
cipalement dans les carnets de ces jeunes
maîtres, de ces jeunes normaliens, sortis d'E-
coles Normales primaires ou de l'Ecole Nor-
male supérieure qui, très rapidement, sont de-
venus chefs de section, officiers et dont beaucoup sont restés, pour le malheur de la France
et de l'Université, sur les champs de bataille.
Ces jeunes hommes, nos étudiants hier, le pro-
blème du commandement les a pour la plu-
part vivement intéressés. Il sera extrêmement
utile plus tard de dépouiller les analyses aux-
quelles ils se sont livrés à ce sujet. J'en con-
nais au moins une qui est publiée. Vous la
trouverez dans la *Grande Revue* de 1916 sous
le titre : Psychologie du chef, par un officier.

A travers toutes leurs réflexions, on voit
clairement qu'ils se rendent compte, ces jeunes
chefs, des conditions dans lesquelles, devant
le soldat de la démocratie française, on de-
vient un vrai chef. Pour être un vrai chef, un
chef qui est suivi, un chef qui réussit, il n'est
pas besoin qu'on apparaisse au soldat comme
d'une essence, d'une caste, d'une race supérieure. Non; il faut que le soldat sente dans
celui qui a charge de le conduire, d'abord une
compétence supérieure, et aussi un dévoue-

ment supérieur. Si le soldat sent cela, il suit naturellement et consciemment. Il se rend compte qu'il a besoin d'un chef comme celui-là et il est prêt à accorder ce que ce chef demande. En deux mots, compétence et conscience, voilà ce que le soldat de la démocratie française a demandé par dessus tout à ses chefs et c'est ainsi que ses chefs l'ont entraîné.

Vous le savez, nos ennemis, avec la théorie de l'autorité qu'ils gardaient par devers eux, escomptaient comme une cause de faiblesse de notre armée la tension qui devait croître, suivant eux, entre nos officiers et nos soldats. Maximilien Harden nous l'a dit crûment. La tension ne s'est pas produite, au moins dans les proportions où les Prussiens l'espéraient. Les bons rapports ont dominé. Pourquoi ? Parce que peut-être on n'a pas essayé d'user de la pratique prussienne de l'autorité, parce que les chefs se sont rendu compte que c'était surtout par la compétence et par la conscience qu'ils devaient s'imposer. Le chef, c'est celui qui a la responsabilité, c'est celui qui donne non seulement le signal, mais l'exemple en même temps qu'il dicte le plan. Voilà le vrai chef d'une armée démocratique.

Je dirai volontiers que nous voyons ici l'autorité évoluer sous nos yeux du type « religieux » (1) et politique au type moral et technique.

J'appelle autorité de type religieux l'autorité qui s'impose par une sorte de prestige mystique, en vertu d'un droit divin qu'on ne discute pas. Elle est politique dans la mesure où elle s'impose à tout l'homme et ne tolère chez le subordonné aucune opinion différente de

____

(1) Il va de soi que je prends cette expression au sens sociologique, et en quelque sorte extérieur du mot : il s'agit ici de *hiérarchie*, non de *foi*.

l'opinion du supérieur. C'est l'autorité à l'ancienne manière. C'est peut-être à cette autorité que pensent ceux qui se font aujourd'hui les apologistes de l'aristocratie, les adversaires de la démocratie.

Mais il y a d'autres types d'autorité. Il y a l'autorité de type moral et l'autorité de type technique. L'autorité de type technique est celle qui s'impose par la compétence prouvée, l'autorité de type moral est celle qui s'impose par la conscience éprouvée.

Il semble bien que nous ayons vu, dans notre armée, qui est une armée nationale s'il en fût, qui est une armée de citoyens, le second type d'autorité, le type moral et technique, l'emporter nettement sur le premier et c'est peut-être à cela et non pas au rappel des formes archaïques de l'autorité, qu'est due la bonne tenue, la belle allure de notre armée. (*Applaudissements.*)

Par ces réflexions, je suis en train, semble-t-il, de diminuer la distance entre les deux termes qu'on se plaisait à opposer : l'autorité d'un côté, la démocratie de l'autre. L'autorité de type moral et technique, la démocratie peut fort bien s'en accommoder, elle peut fort bien l'accepter. Sur ce point, son éducation était dès avant la guerre en train de se faire. Ce qui faisait l'éducation de la démocratie, c'était précisément le progrès de l'industrie, la prépondérance de la vie économique et des habitudes qu'elle suggère ou qu'elle impose. En ce sens, bien loin qu'il y ait opposition, comme le voudraient les disciples de Spencer, entre les sociétés de type militaire et les sociétés de type industriel, on peut faire entre elles un rapprochement. Les leçons que nous dégagions des expériences industrielles allaient dans le même sens que les leçons que nous dégageons de l'expérience militaire. Il ne faudrait tout de même pas enfoncer trop de portes ouvertes et nous présenter comme des découvertes des choses que nous savons depuis quelque temps.

On nous dit : Faites bien attention aux leçons de la guerre. Une armée sans chef, c'est un troupeau; on ne réussit bien que si on est commandé par un homme unique, qui a les responsabilités et qui sait orienter les activités. Il n'y a pas de section qui tienne si elle n'a pas un bon chef.

Nous n'avons pas attendu la guerre pour savoir cela. Il me semble que la petite expérience de tous les jours, surtout dans la vie industrielle, nous a appris cela depuis longtemps. Nous savons qu'une affaire grande ou petite ne marche que s'il y a un homme à la tête. C'est vrai pour une coopérative comme pour une grande société par actions. Il faut partout des gérants. Sans aller jusqu'à l'industrie, je dirai volontiers que les universités populaires, les petites sociétés qu'on avait fondées il y a quelques années, ne marchent que lorsqu'il y a un homme à la tête. C'est une leçon qui résulte de toute pratique, si humble qu'elle soit, de tout effort pour agir, de tout effort pour réussir. Je ne pense donc pas que notre démocratie ait tant de peine à comprendre cet avertissement; elle était amenée à le comprendre par la force des choses.

Tout le monde se rend compte que pour qu'une entreprise réussisse il faut un homme à qui on fasse confiance; seulement, cet homme, il sera entendu qu'on le choisira en raison de sa capacité et non pas en raison de sa race, de sa classe, de son milieu, de son hérédité, de sa fortune ou de ses opinions politiques.

On devra le prendre en raison de ses capacités et autant que possible aussi en raison des hautes qualités de conscience dont il aura fait preuve. Nous retrouvons là le prix supérieur

qu'on doit attacher, quand on cherche un chef,
à la compétence et à la conscience. Il n'est pas
du tout impossible à une démocratie de faire
de plus en plus de place aux compétences et
aux consciences. Il n'est pas absolument uto-
pique de rêver cela. La preuve en est que sous
les leçons de la nécessité, nous voyons qu'on
fait de plus en plus place aux compétences.
A l'armée même, on est arrivé à cette idée que
dans certains cas, même si les gens n'ont pas
le nombre de galons suffisant, lorsqu'ils
avaient la compétence, il fallait les laisser gou-
verner. Nous avons vu cela en particulier dans
le service de santé.

Nous voyons, de même, à l'intérieur, certains ministres choisis non pas en raison de
leurs relations politiques, mais en raison de
leur compétence technique. C'est un procédé
qu'il ne serait peut-être pas mauvais de gé-
néraliser. Il serait utile de chercher les chefs,
les meneurs, disons plus humblement les gérants — l'expression ne sent pas son aristo-
cratisme — parmi les gens qui ont fait leurs
preuves, qui ont acquis l'expérience dans la
pratique de leur spécialité.

En disant qu'il serait bon de chercher des
compétences et de réserver plus de place aux
spécialistes, je n'ai pas l'intention de me livrer
devant vous à un antiparlementarisme que je
juge trop facile. Quand on prêche ainsi le
culte des compétences, presque toujours les
gens comprennent : Que viennent faire en
tout ceci les parlementaires ? C'est à peu près
ainsi que la question a été posée par mon
éminent et respecté collègue M. Faguet, dans
sa brochure fameuse : *le Culte de l'incompé-
tence*. Je trouve qu'on exagère. Je veux être
docile sur ce terrain aussi aux leçons de l'expérience et je constate expérimentalement que,
contrairement, si vous voulez, à ce qu'on pour-

rait attendre, il y a dans les assemblées parlementaires beaucoup plus de compétences qu'on ne croit. C'est un fait; dites, s'il vous plaît, que c'est un miracle, que cela ne s'explique pas, qu'ils n'ont pas été élus pour cela, je prétends que c'est un fait d'expérience. Sur toutes les grandes questions qu'on passe en revue, on trouve cinq ou six personnes qui peuvent faire partie d'une commission, qui composent des rapports extrêmement documentés, qui donnent des indications précieuses, qui peuvent exercer un contrôle très utile. C'est pourquoi, je ne voudrais pas avoir l'air, quand je fais appel aux compétences, d'exclure par principe les élus. Il se trouve qu'il y a des compétences parmi les élus.

De même, quand je dis qu'il serait bon d'appeler aux postes de direction des gens qui ont fait leurs preuves dans leur spécialité, ne me faites pas dire qu'il ne faut pousser au premier plan que des spécialistes. Il faut réserver sa part à l'intelligence et reconnaître que dans une intelligence ouverte et informée il y a des facultés d'adaptation qu'il serait injuste et imprudent de laisser de côté. Quelquefois des gens qui ne sont pas des spécialistes se montrent capables d'acquérir rapidement une compétence infiniment précieuse. Ici encore soyons dociles aux leçons de l'expérience. Je me réjouis de voir à la tête du ministère de l'Armement un spécialiste, un homme d'affaires, un ingénieur; mais dans ce même ministère on a vu opérer bon nombre d'hommes qui ne paraissaient pas spécialement destinés à ces postes par leur pratique antérieure. Ce n'étaient pas des ingénieurs et cependant — personne ne peut y contredire — ils ont fait d'utile besogne.

Donc, il faut chercher compétences et capacités partout où elles apparaissent, même dans les milieux parlementaires si cela se rencontre.

J'ajoute qu'il ne faut pas confondre le gouvernement des compétences avec la représentation des intérêts. Il y aurait peut-être danger à chercher systématiquement les compétents parmi des spécialistes qui ont fait leurs preuves par la pratique de certaines affaires ou de certaines industries. Pourquoi ? Parce que le spécialiste qui acquiert sa compétence dans un cercle d'affaires, dans une sphère d'activité industrielle, en même temps qu'il acquiert cette compétence acquiert des intérêts. Il peut arriver qu'il soit le représentant d'un groupe d'affaires et cela trouble quelquefois les verdicts qu'il est appelé à rendre, les décisions qu'il est amené à prendre. Ceci soit dit en pensant à l'effort d'organisation que nous serons obligés de faire demain, et à la place que nous devrons faire à la représentation professionnelle. Comprenons que ce sera une difficulté sur notre chemin ; faisons crédit aux spécialistes, ne donnons pas un blanc-seing toujours et partout aux seuls intéressés : ils peuvent, dans certains cas, être prisonniers de leurs intérêts.

Greffons sur cette remarque une indication à retenir : il faut faire place non seulement aux compétences mais aussi aux consciences; cela servira de garde-fou.

Il n'est pas inutile de rappeler qu'il y a lieu de mettre autant que faire se peut, à la tête des entreprises petites et grandes, non seulement des gens très intelligents et très expérimentés, mais des gens très consciencieux et très honnêtes. C'est très important et ce n'est pas une utopie. Nous connaissons des gens dont on dit : « C'est un grand honnête homme » et nous constatons que quelquefois cela leur crée un titre; on les appelle à la tête des affaires, on les place à la tête des entreprises, on escompte l'effet moral qui sera produit par leur autorité consacrée. Cela s'est vu, il faut espérer que cela se verra encore. C'est très utile parce que cela simplifie tout. Dans bien des cas, si on pouvait mettre à la tête des affaires des hommes d'une autorité morale indiscutée, cela couperait court dès l'abord à beaucoup de discussions. Cela rendrait l'obéissance plus facile. Si on avait pris la précaution d'avoir un personnel de gens foncièrement honnêtes, vertueux, je dirai même austères, n'ayant aucun goût pour le luxe, en ayant même le dégoût, n'aimant à aucun degré ce qu'on appelle la grande vie, cela nous aurait été infiniment précieux. (*Applaudissements.*)

Ce qui revient à dire que nous pourrions reprendre le mot de nos bons ancêtres et essayer de faire passer au premier plan non pas seulement la capacité, mais la vertu, comme ils disaient. Si on pouvait de plus en plus faire appel aux capacités et aux vertus — ce n'est pas incompatible avec l'esprit de la démocratie éclairé par l'expérience — cela lui serait très utile ; elle serait mieux gardée, mieux munie, mieux armée, mieux servie de toutes façons.

Vous allez me dire : Oui, par la mise en valeur des compétences et des consciences, des capacités et des vertus, la démocratie serait peut-être mieux servie, mieux munie, mieux armée, mieux instruite; c'est de la démocratie, en ce sens que ce serait du gouvernement ou de l'administration pour le peuple. Mais dans la démocratie, il y a plus que cela. Rappelons-nous la fameuse formule de Lincoln : « Le Gouvernement pour le peuple et par le peuple ».

« Par le peuple », il faut s'entendre. Vous comprenez bien que dans de grandes démocraties volumineuses et complexes comme nos sociétés contemporaines, il ne peut pas s'agir d'un gouvernement direct exercé par les assemblées du peuple sur l'agora. Quand on dit : « gouvernement par le peuple », on veut dire contrôle par les représentants du peuple. C'est tout ce qu'on peut humainement vouloir. Ces représentants du peuple sont de plusieurs espèces. Il y a les représentants élus; c'est à eux qu'on pense le plus souvent lorsqu'on veut louer ou blâmer la démocratie. Mais à côté des représentants élus, il y a ceux qui sont les porte-parole du peuple, ses avocats, qui traduisent les mouvements de l'opinion et qui agissent sur ces mouvements eux-mêmes, les journalistes. Ainsi, d'un côté les députés, de l'autre les journalistes. Voilà par quels organes surtout peut s'exercer, dans les grandes sociétés contemporaines, le contrôle du peuple.

La question que vous me poserez ou que vous vous posez peut-être à part vous est celle-ci : ce contrôle du peuple qui s'exerce par députés ou par journalistes, est-il bon de vouloir continuer à l'exercer ? Sur ce point particulier, est-ce que la démocratie n'aurait pas bien fait d'abdiquer ou de renoncer au moins provisoirement à ses idées et à ses méthodes ?

C'est une question à laquelle il est singulièrement difficile de répondre. Il y faudrait un long travail. Glissons là aussi une petite remarque préliminaire.

Je crois pour ma part que la démocratie a fait ce qu'elle a pu pour abdiquer son droit de contrôle. La démocratie française — il ne serait vraiment pas loyal de lui en faire un reproche — a assez volontiers adopté, dans la première partie de la guerre, la tactique du silence : le Parlement a supporté l'ajournement, la presse a supporté l'étouffement. Elle a été soumise au régime de la censure. Dépu-

tés et journalistes ont assez aimablement supporté ce régime; le peuple l'a supporté beaucoup plus facilement encore.

On a changé, ici encore, sous les leçons de
l'expérience. Ce que je vais dire n'est pas facile à prouver; il faudrait des documents; je
ne les ai pas, vous ne les avez pas non plus,
personne ne les a; les historiens se débrouille-
ront plus tard; à l'heure actuelle il est assez
difficile d'établir pourquoi la démocratie, sous
la forme du contrôle exercé par le Parlement
et par les journaux, a recommencé à fonctionner et si elle a eu raison.

Il semble bien, à voir les choses de très loin
et en gros, qu'il y a eu à cela des raisons. On
s'est aperçu, au fur et à mesure que la guerre
se prolongeait, que la guerre n'impliquait pas
seulement un effort purement militaire, qu'elle
impliquait une coordination de toutes les activités de tout un peuple, de plusieurs peuples,
activités variées, et qu'il fallait que les chefs
fussent avertis d'un certain nombre de choses
qu'ils pouvaient avoir oubliées; qu'il fallait
même que certaines erreurs fussent redres-
sées. Je ne voudrais pas, encore une fois, me
prononcer sur ce point, les documents me
manquent et je n'étais pas là. Je puis cependant vous faire part des impressions qui me
sont suggérées par les humbles expériences
que j'ai pu faire.

Lorsqu'on dit que la consigne est de faire
taire les députés et les journalistes, qu'est-ce
que cela veut dire pratiquement ? Cela veut
dire : laisser faire l'administration, laisser
faire les administrations, les bureaux. Je ne
voudrais pas exagérer le pessimisme ; mais
j'ai vu différents bureaux à l'œuvre, tant à
l'avant qu'à l'arrière, dans les hôpitaux ou les
ambulances où j'ai passé. Je me suis trouvé au
point de jonction de plusieurs catégories de

services : points de jonction, points de friction aussi. Ce qui m'a frappé, c'est, qu'en temps de guerre, la bureaucratie continue, et que ses méfaits se traduisent non pas seulement et surtout par l'inertie ou la routine ; c'est quelque chose, mais ce n'est pas le poids le plus lourd à soulever ; les méfaits de la bureaucratie paraissent surtout se traduire par un esprit de rivalité intestine qui est vraiment dangereux. Cet esprit n'a pas cessé d'exister. L'union sacrée entre individus, l'union sacrée sur le terrain politique s'est faite, surtout pendant la première partie de la guerre, très convenablement ; mais l'union sacrée administrative, l'union sacrée des bureaux, l'union sacrée des services, l'union sacrée des corps, je vous jure qu'elle ne s'est pas faite. (*Applaudissements.*) C'est extrêmement dangereux. Il est trop fréquent que les chefs de service ou les chefs de bureau éprouvent une joie maligne, dont ils ne peuvent pas se défendre, à jouer des niches au bureau voisin, à lui refuser des renseignements, à lui soustraire des approvisionnements. Ce sont des choses que nous avons vues. Tous ceux qui ont vu fonctionner les bureaux soit à l'avant soit à l'arrière, ont pu faire des expériences semblables. Lorsqu'on a fait ces expériences, on peut se dire que les coups de sonde d'en haut, les coups de semonce aussi ont du bon, et qu'il n'est pas inutile que l'attention du public soit attirée sur ces rivalités déplorables par le contrôle parlementaire ou par le contrôle des journaux. Ces grands coups de vent qui passent balaient bien des miasmes. C'est pourquoi, lorsqu'on dit du mal du Parlement, le Parlement peut se consoler en disant du mal des bureaux. Il a donc été utile que sur ce point le contrôle ait recommencé à s'exercer.

Il faut avouer cependant que s'il a des

avantages il a aussi des inconvénients et que nous sommes en train de les sentir. Lorsque le contrôle parlementaire et le contrôle des journaux se développent, cela signifie que les discussions se ravivent à la tribune de la Chambre et à la tribune des périodiques. Alors toutes les vieilles passions politiques s'enflamment à nouveau, le vent rallume des brandons, des tisons éteints, les fameux brandons de discorde, et tel est peut-être le phénomène grave et dangereux qui reparaît devant nous. L'extension du contrôle sous toutes ses formes, c'est peut-être bon pour faire finir la petite guerre des bureaux, des services, des administrations à laquelle j'ai fait allusion, cela a le désavantage de rallumer aussi la guerre des partis, la guerre politique. Il me semble que c'est le fait auquel nous sommes en train d'assister. J'ai l'impression que nous recommençons à nous regarder avec de mauvais yeux. J'ai l'impression qu'on recommence, pour contrôler, pour établir les responsabilités, pour dénoncer les erreurs, ou les fautes, ou les crimes, à refaire des procès de tendances et que dans tout cet effort de contrôle et de dénonciation ce n'est pas seulement le sentiment patriotique qui est en jeu, mais aussi la passion politique. Prenons garde ! défions-nous ! Demandons, exigeons toute la lumière. L'honneur de la démocratie le veut, autant que le salut du pays. Mais n'épousons pas les passions politiques qui escortent triomphalement le sentiment national : elles escortent et elles exploitent. Nous devons nous en défier parce que cela peut nous mener très loin, parce qu'il y a là un moyen d'action sur nous dont l'ennemi dispose; c'est un moyen indirect, mais un moyen qui lui est précieux.

Je pense, vous pensez tous à ce qu'on appelle les scandales. J'aurais voulu ne pas en parler, il n'y a pas moyen. Pour ma part et jusqu'à plus ample informé, je crois que l'or du Rhin n'a pas réussi à nous corrompre, mais je tremble qu'il ne réussisse, par contre-coup indirect, à nous diviser. Nous sommes à une période où on ne mesure plus ses coups, où la guerre des partis est rallumée, où on use et on abuse des généralisations faciles ou des insinuations excessives. C'est très irritant et cela peut semer partout les alarmes, la défiance, le découragement bientôt. C'est donc à cela qu'il faut prendre garde.

Nous, citoyens d'une démocratie qui voulons contrôler, rappelons-nous que quand on exerce le contrôle, il y en a un qu'il ne faut pas perdre, c'est le contrôle de soi-même. Il faut en tout cela savoir garder le sang-froid, la mesure : en d'autres termes il faut user de la raison si l'on a le souci de la vérité et de la justice.

Voilà encore des mots qu'on ose à peine prononcer : vérité et justice. Il y a longtemps que nous les avons invoquées, ces deux déesses des cités modernes. Etait-il donc vrai que pendant la guerre nous devions les couvrir de voiles ? Devait-il être entendu qu'on ne leur accorderait rien et qu'on ne leur demanderait rien ? Tactique imprudente ! On a toujours quelque chose à demander ou à accorder à la vérité et à la justice. C'est pourquoi l'indication qu'on leur fait toujours leur part, et leur grande part, n'est peut-être pas si maladroite ni si inutile pour une démocratie.

Je pense aux efforts que nous faisions avant la guerre, nous universitaires, pour développer autant que possible dans les jeunes générations la probité intellectuelle, une probité minutieuse, méticuleuse même s'il le fallait, et pour cela, vous le savez, on nous a beaucoup raillés. Je ne suis pas sûr aujourd'hui

que ce fût si ridicule et je suis persuadé que
le souci de la probité intellectuelle, avec tout
ce que cela comporte, pourrait rendre beaucoup de services. Non pas que je croie que ce
soit le tout de la vie morale. Non : il faut autre
chose; il faut de l'allant il faut de l'élan, il
faut de la spontanéité. Mais cela peut éviter
bien des fautes. Ce n'est pas un excitant, c'est
— si vous me permettez de continuer mes mé-
taphores d'infirmier — un désinfectant, et avec
un désinfectant comme celui-là on peut éviter
bien des contagions, bien des fièvres perni-
cieuses. (*Applaudissements.*)

Je crois que de côté-là il y a vraiment quelque chose à faire. Si vous me permettez d'être
franc, je vous avouerai que l'impression qu'on
éprouve en revenant à Paris n'est pas excel-
lente. On trouve chez nous l'esprit de critique
extrêmement développé et très peu développé
l'esprit critique.

A l'avant, on a ce que les soldats appellent
« le tuyau du cuistot »; c'est ce que le cuisi-
nier a entendu dire dans les états-majors. On
se passe le tuyau du cuistot. On dit : « on va
partir pour Salonique », « on va partir pour
Verdun », « on va partir pour l'Italie ». On
est friand de ce tuyau, mais on l'accueille avec
le sourire parce que le poilu est sceptique.
Mais à l'arrière je me demande si on est aussi
sceptique. Car si vous n'avez pas le tuyau du
cuistot, vous avez le tuyau de l'huissier, de
l'homme qui entend ce qui se dit dans les cou-
loirs de la Chambre, dans les antichambres de
ministères, dans les salles de rédaction. Je
suis effrayé de voir à quel point on est friand
du tuyau de l'huissier et avec quelle docilité
on l'accueille, surtout s'il est mauvais. Alors,
on se jette dessus, on le colporte et on se le
passe de main en main. On éprouve je ne sais
quelle joie amère, je ne sais quelle joie

âcre, à répandre cette critique sans attendre de confirmation, sans apporter de précision, sans se défier des bruits qui sèment la méfiance, avec elle l'irritation mutuelle et peut-être le découragement.

Il faut se défier du tuyau de l'huissier comme du tuyau du cuistot. Il faut prendre un peu sur soi pour réfléchir davantage; sans cela Paris continuera à produire l'impression qu'un poilu de mes amis traduisait ainsi : « Une immense pétaudière où le ragot est roi ».

Voici un roi qu'il faut défaire aussi si nous voulons gagner la guerre; parce que pour une guerre comme celle-là, il ne faut pas seulement de l'élan, il faut du sang-froid; il ne faut pas seulement de l'autorité au sommet, il faut de la raison à la base. (*Vifs applaudissements.*)

C. BOUGLÉ.

Alençon et Cahors. — Imprimeries A. COUESLANT.

9 782012 970687